AF215216

Impressum
Verlag: BABADADA GmbH, Nedderfeld 112 , 22529 Hamburg
Geschäftsführer / Verlagsleitung: Harald Hof
Druck: Books on Demand GmbH, In de Tarpen 42, 22848 Norderstedt

Imprint
Publisher: BABADADA GmbH, Nedderfeld 112 , 22529 Hamburg, Germany
Managing Director / Publishing direction: Harald Hof
Print: Books on Demand GmbH, In de Tarpen 42, 22848 Norderstedt, Germany

škola

школа

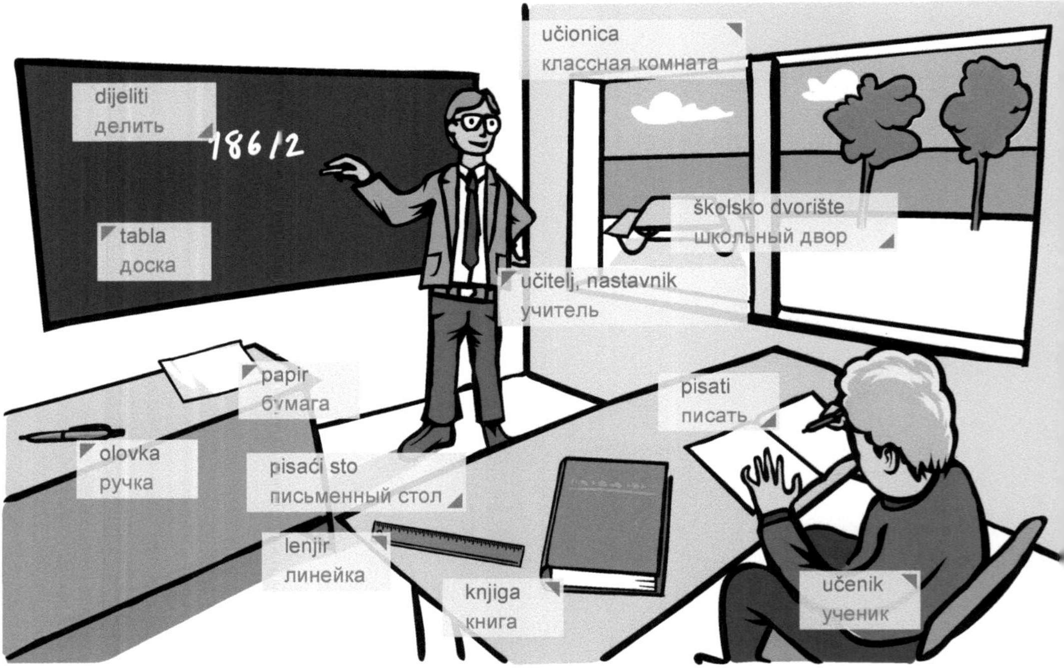

učionica
классная комната
dijeliti
делить
186/2
tabla
доска
školsko dvorište
школьный двор
učitelj, nastavnik
учитель
papir
бумага
pisati
писать
olovka
ручка
pisaći sto
письменный стол
lenjir
линейка
knjiga
книга
učenik
ученик

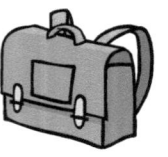

torba

ранец

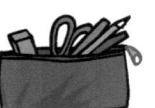

pernica

пенал

drvena olovka

карандаш

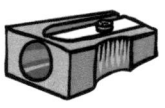

šiljalo za olovke

точилка

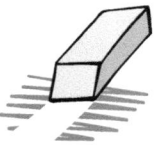

gumica

ластик

blok za crtanje

альбом для рисования

crtež

рисунок

kist

кисточка

kutija s bojama

коробка красок

makaze

ножницы

ljepilo

клей

vježbanka

тетрадь

domaća zadaća

домашняя работа

broj

цифра

sabirati

прибавлять

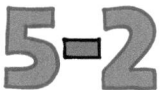

oduzimati

вычитать

množiti

умножать

računati

считать

slovo

буква

abeceda

алфавит

riječ

слово

tekst

текст

čitati

читать

kreda

мел

sat

урок

školski dnevnik

классный журнал

ispit

экзамен

svjedočanstvo

диплом

školska uniforma

школьная форма

izobrazba

образование

leksikon

энциклопедия

univerzitet

университет

mikroskop

микроскоп

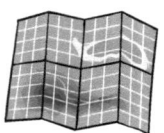

karta

карта

korpa za papir

корзина для бумаг

putovanje

путешествие

hotel
гостиница
Grand
hostel
турбаза
ROOMS
mjenjačnica
пункт обмена валюты
EXCHANGE
kofer
чемодан
auto
автомобиль

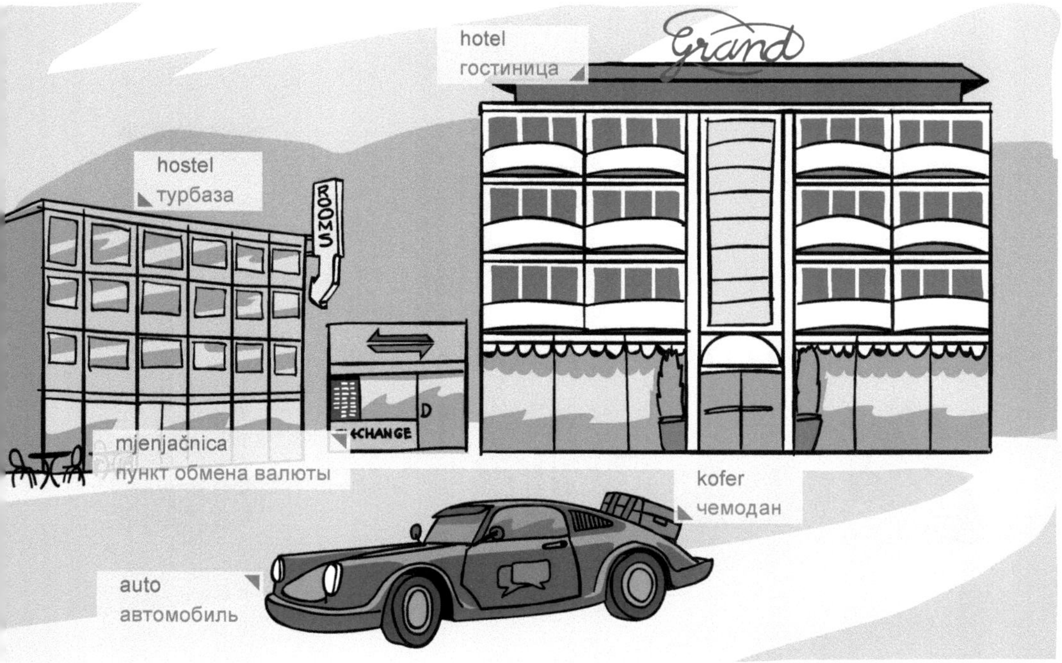

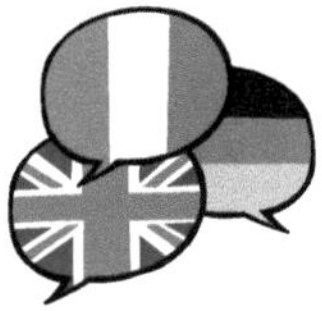

jezik

язык

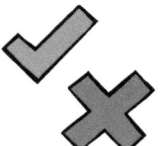

da / ne

да / нет

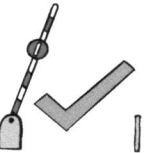

okej

хорошо

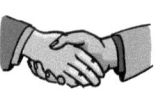

zdravo

Привет

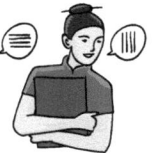

tumač

переводчик

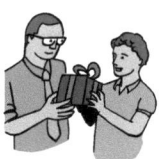

hvala

Спасибо

Koliko košta...?

Сколько стоит...?

Ne razumijem

Я не понимаю

problem

проблема

dobro veče!

Добрый вечер!

Dobro jutro!

Доброе утро!

Laku noć!

Доброй ночи!

doviđenja

До свидания

smjer

направление

prtljag

багаж

torba

сумка

ruksak

рюкзак

gost

гость

soba

комната

vreća za spavanje

спальный мешок

šator

палатка

turističke informacije

туристическая информация

plaža

пляж

kreditna kartica

кредитная карточка

doručak

завтрак

ručak

обед

večera

ужин

putna karta

билет

lift

лифт

poštanska markica

почтовая марка

granica

граница

carina

таможня

ambasada

посольство

viza

виза

pasoš

паспорт

transport

транспорт

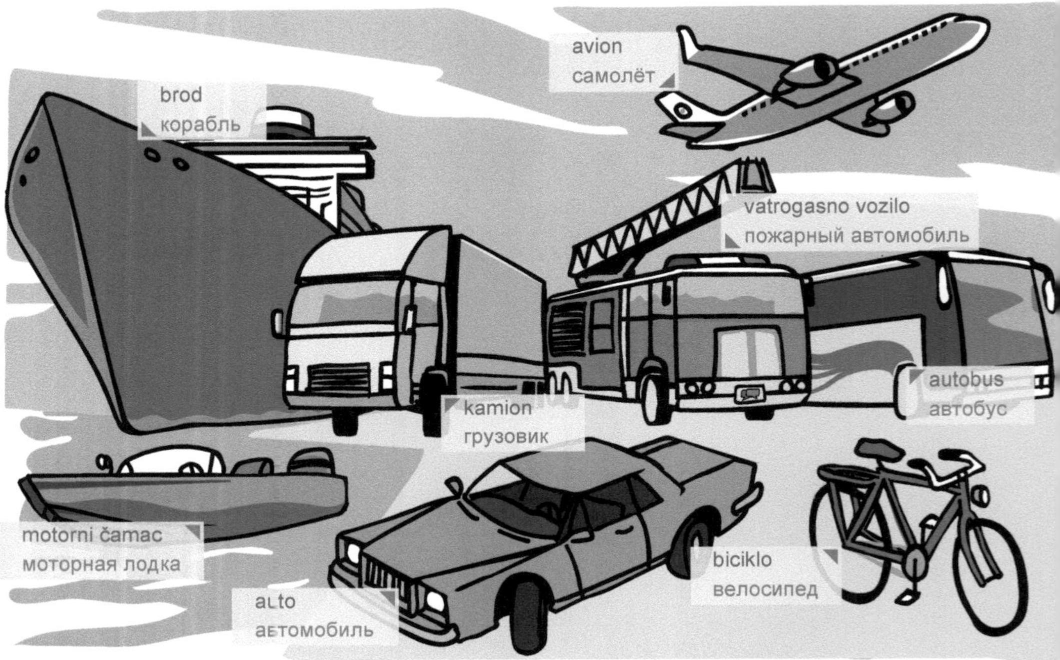
avion
самолёт
brod
корабль
vatrogasno vozilo
пожарный автомобиль
kamion
грузовик
autobus
автобус
motorni čamac
моторная лодка
biciklo
велосипед
auto
автомобиль

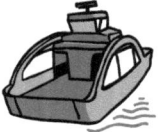

trajekt

паром

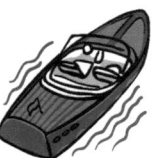

brod

лодка

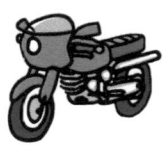

motocikl

мотоцикл

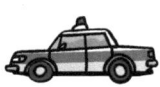

policijski automobil

полицейский автомобиль

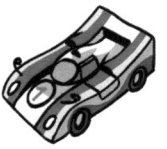

trkaći automobil

гоночный автомобиль

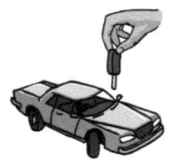

unajmljeni automobil

арендованный автомобиль

kar-šering
....
совместное пользование
автомобилями

pauk
....
буксировочный
автомобиль

smećarsko vozilo
....
мусоровоз

motor
....
двигатель

gorivo
....
топливо

benzinska pumpa
....
заправка

saobraćajni znak
....
дорожный знак

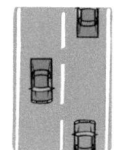

saobraćaj
....
движение

zastoj
....
пробка

parking
....
автостоянка

željeznička stanica
....
вокзал

šine
....
рельсы

voz
....
поезд

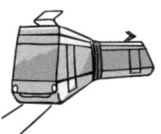

tramvaj
....
трамвай

vagon
....
вагон

helikopter

вертолёт

aerodrom

аэропорт

toranj

вышка

putnik

пассажир

kontejner

контейнер

karton

коробка

tačke

тележка

korpa

корзина

poletjeti / sletjeti

взлетать / приземляться

grad

город

selo

деревня

centar grada

центр города

kuća

дом

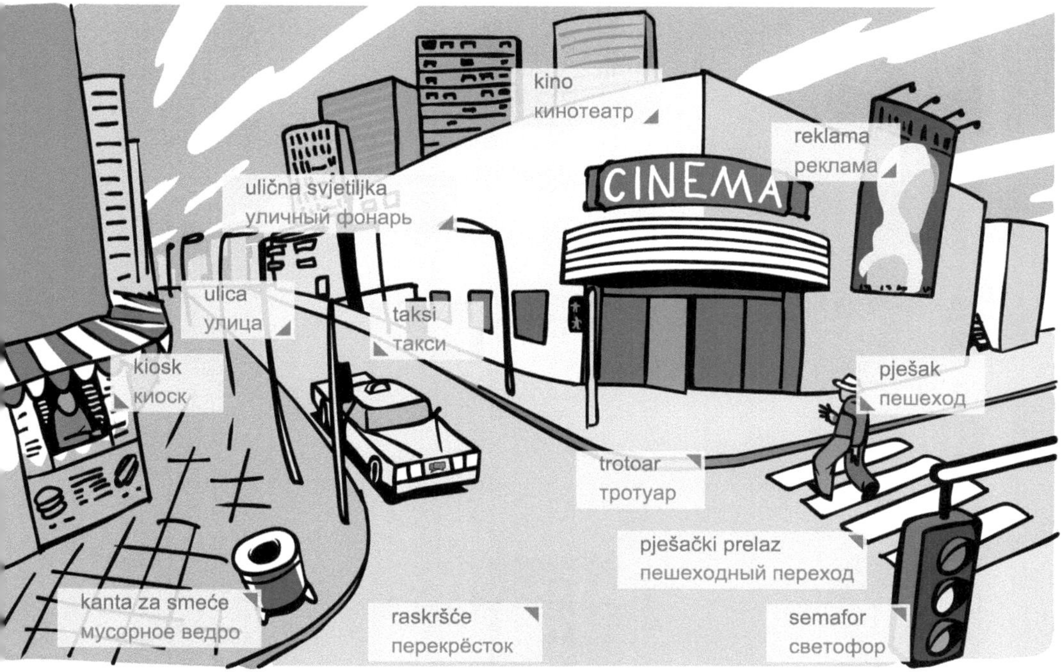

kino
кинотеатр

reklama
реклама

ulična svjetiljka
уличный фонарь

ulica
улица

taksi
такси

kiosk
киоск

pješak
пешеход

trotoar
тротуар

pješački prelaz
пешеходный переход

kanta za smeće
мусорное ведро

raskršće
перекрёсток

semafor
светофор

koliba
хижина

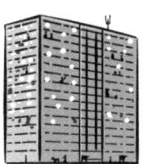

stan
квартира

željeznička stanica
вокзал

vjećnica
ратуша

muzej
музей

škola
школа

univerzitet

университет

banka

банк

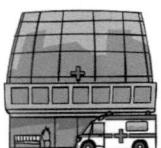

bolnica

больница

hotel

гостиница

apoteka

аптека

ured

офис

knjižara

книжный магазин

radnja

магазин

cvjećara

цветочный магазин

supermarket

супермаркет

pijaca

рынок

robna kuća

универмаг

prodavač ribe

торговец рыбой

trgovački centar

торговый центр

luka

порт

park

парк

klupa

скамейка

most

мост

stepenice

лестница

podzemna željeznica

метро

tunel

тоннель

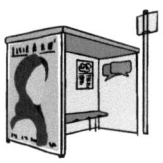

autobuska stanica

автобусная остановка

bar

бар

restoran

ресторан

poštanski sandučić

почтовый ящик

saobraćajni znak

табличка с названием
улицы

sat za naplatu parkinga

паркометр

zoološki vrt

зоопарк

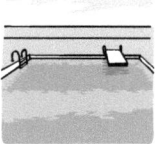

bazen

бассейн

džamija

мечеть

seosko imanje

ферма

zagađenje okoline

загрязнение окружающей среды

groblje

кладбище

crkva

церковь

igralište

детская площадка

hram

храм

krajolik
ландшафт

list
лист

putokaz
дорожный указатель

putokaz
дорога

livada
луг

kamen
камень

putnik
путешественник

drvo
дерево

rijeka
река

trava
трава

cvijet
цветок

dolina

долина

brdo

гора

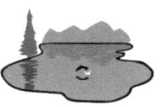

jezero

озеро

šuma

лес

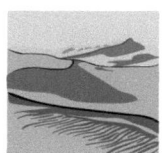

pustinja

пустыня

vulkan

вулкан

dvorac

замок

duga

радуга

gljiva

гриб

palma

пальма

komarac

комар

muha

муха

mrav

муравей

pčela

пчела

pauk

паук

buba

жук

žaba

лягушка

vjeverica

белка

jež

еж

zec

заяц

sova

сова

ptica

птица

labud

лебедь

divlja svinja

кабан

jelen

олень

los

лось

brana

плотина

vjetrenjača

ветряной генератор

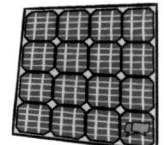

solarni modul

солнечная батарея

klima

климат

restoran
ресторан

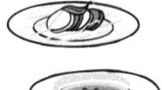

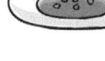

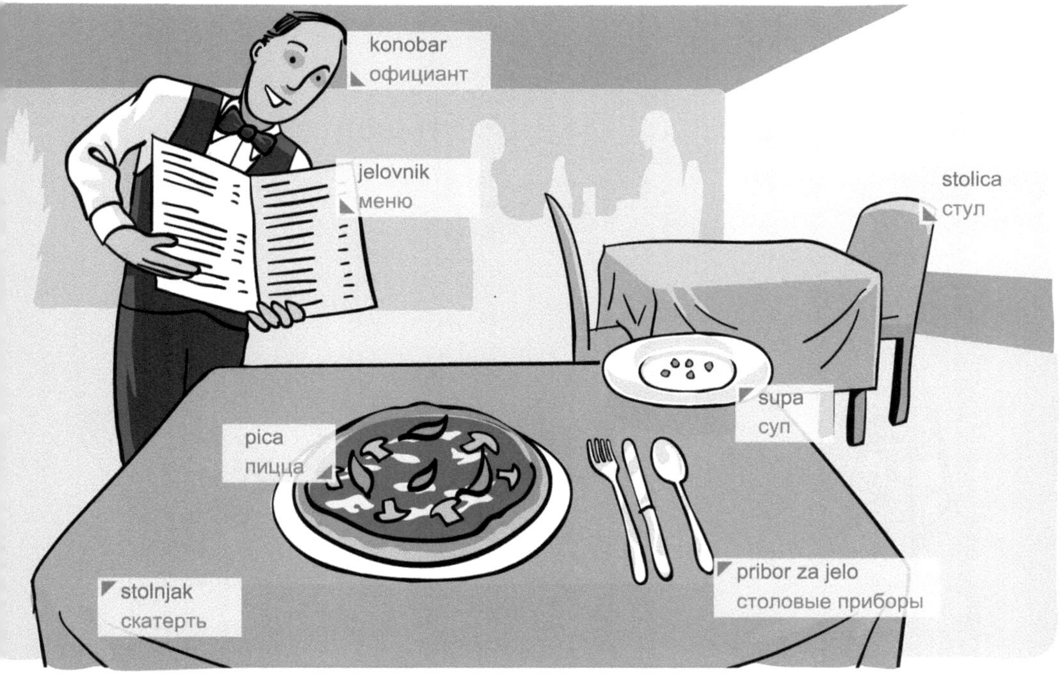
konobar
официант
jelovnik
меню
stolica
стул
supa
суп
pica
пицца
stolnjak
скатерть
pribor za jelo
столовые приборы

predjelo

закуска

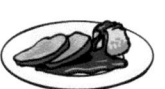

glavno jelo

главное блюдо

desert

десерт

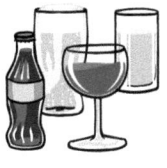

piće

напитки

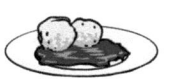

jelo

еда

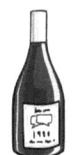

flaša

бутылка

brza hrana

фастфуд

jelo sa ulice

уличная еда

čajnik

чайник

šećernica

сахарница

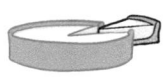

porcija

порция

mašina za espreso

кофеварка

barska stolica

детский стульчик

račun

счет

tacna

поднос

nož

нож

viljuška

вилка

kašika

ложка

kašičica

чайная ложка

salveta

салфетка

čaša

стакан

restoran - ресторан

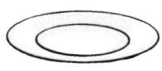

tanjir

тарелка

tanjir za supu

суповая тарелка

tanjurić

блюдце

sos

соус

solanik

солонка

mlin za biber

мельница для перца

sirće

уксус

ulje

масло

začini

специи

kečap

кетчуп

senf

горчица

majoneza

майонез

supermarket
супермаркет

ponuda
специальное предложение
klijent
покупатель
mliječni proizvodi
молочные продукты
voće
фрукты
kolica za kupovinu
тележка для покупок
FOR

BUTCHERS

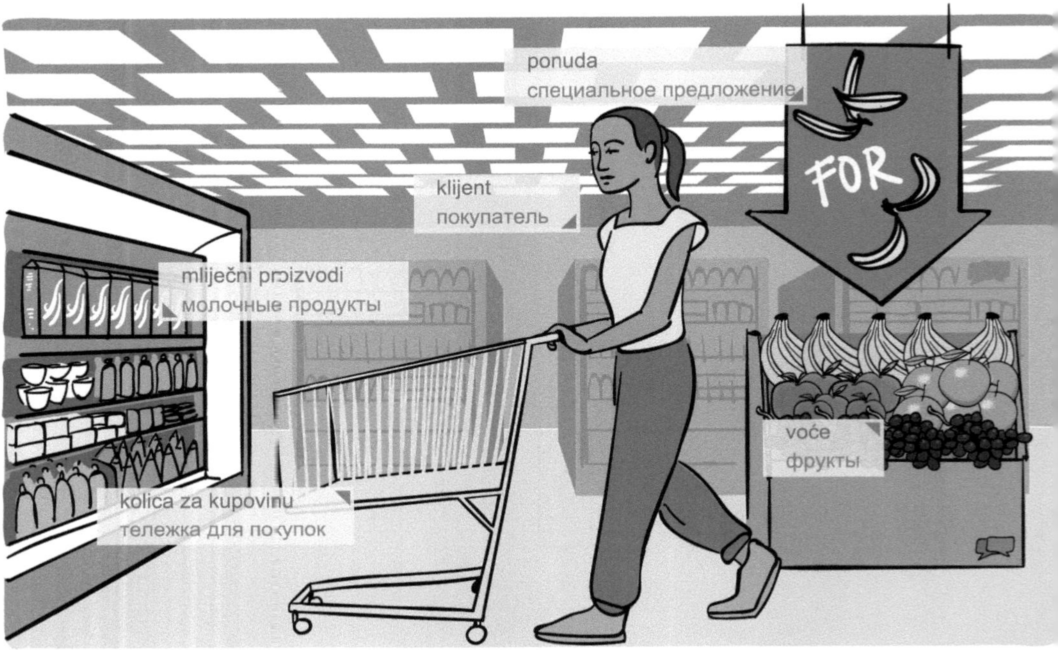

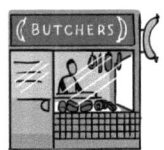

mesnica- klaonica

мясной магазин

BAKERY

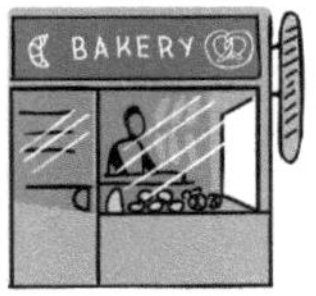

pekara

пекарня

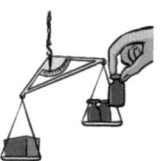

vagati

взвешивать

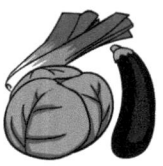

povrće

овощи

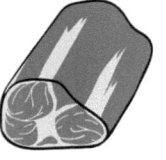

meso

мясо

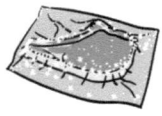

zaleđena hrana

быстрозамороженные продукты

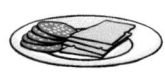

narezak

нарезка

konzerve

консервы

prašak za veš

стиральный порошок

slatkiši

сладости

kućanski proizvodi

предмет домашнего обихода

sredstvo za čišćenje

моющее средство

prodavačica

продавщица

kasa

касса

blagajnik

кассир

lista za kupovinu

список покупок

radno vrijeme

время работы

novčanik

бумажник

kreditna kartica

кредитная карточка

torba

сумка

najlonska vrećica

полиэтиленовый пакет

voda

вода

sok

сок

mlijeko

молоко

kola

кока-кола

vino

вино

pivo

пиво

alkohol

алкоголь

kakao

какао

čaj

чай

kafa

кофе

espreso

эспрессо

kapućino

капучино

banana

банан

jabuka

яблоко

narandža

апельсин

lubenica

арбуз

limun

лимон

mrkva

морковь

bijeli luk

чеснок

bambus

бамбук

crveni luk

лук

gljiva

гриб

orašasti plodovi

орехи

pasta

лапша

špagete

спагетти

riža

рис

salata

салат

pomfrit

картофель фри

pečeni krompir

жареный картофель

pica

пицца

hamburger

гамбургер

sendvič

сэндвич

šnicla

шницель

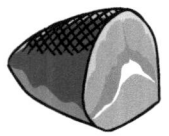

šunka

ветчина

kobasica

салями

kobasica

колбаса

kokoš

курица

pečenje

жаркое

riba

рыба

zobene pahuljice

овсяные хлопья

muzli

мюсли

kornfleks

кукурузные хлопья

brašno

мука

kroason

круассан

zemičke

булочка

kruh

хлеб

tost

тост

keksi

печенье

maslac

масло

svježi sir

творог

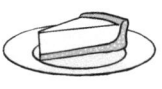

kolač

пирог

jaje

яйцо

jaje na oko

яичница

sir

сыр

sladoled

мороженое

šećer

сахар

med

мёд

marmelada

мармелад

nugat krema

крем с нугой

kuri

карри

seosko imanje
ферма

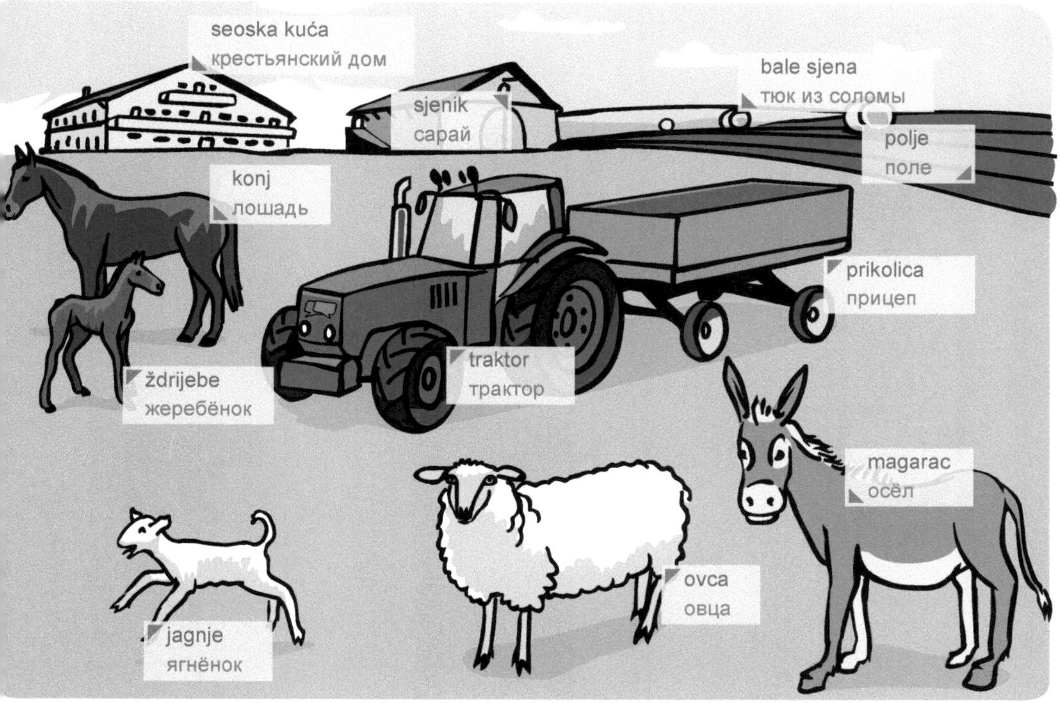
seoska kuća
крестьянский дом
sjenik
сарай
bale sjena
тюк из соломы
polje
поле
konj
лошадь
prikolica
прицеп
traktor
трактор
ždrijebe
жеребёнок
magarac
осёл
ovca
овца
jagnje
ягнёнок

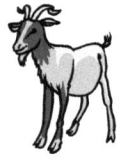

koza

коза

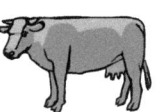

krava

корова

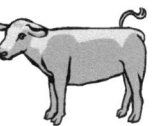

tele

телёнок

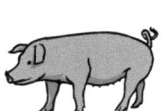

svinja

свинья

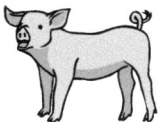

prase

поросёнок

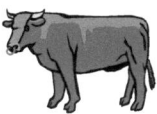

bik

бык

guska

гусь

patka

утка

pile

цыплёнок

kokoška

курица

pjetao

петух

pacov

крыса

mačka

кошка

miš

мышь

vol

вол

pas

собака

pseća kućica

конура

crijevo za baštu

садовый шланг

kanta za zalijevanje

лейка

kosa

коса

plug

плуг

srp

серп

motika

мотыга

vile

навозные вилы

sjekira

топор

tačke

тачка

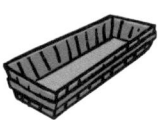

korito

корыто

bokal za mlijeko

бидон для молока

vreća

мешок

ograda

забор

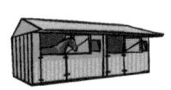

štala

хлев

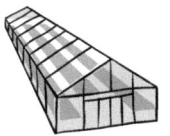

staklenik

теплица

tlo

почва

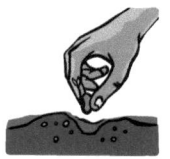

sjeme

посев

đubrivo

удобрение

kombajn

комбайн

kositi

собирать урожай

žetva

урожай

jam korijen

ямс

pšenica

пшеница

soja

соя

krompir

картофель

kukuruz

кукуруза

uljana repica

рапс

drvo voća

фруктовое дерево

manioka

маниок

žito

злаки

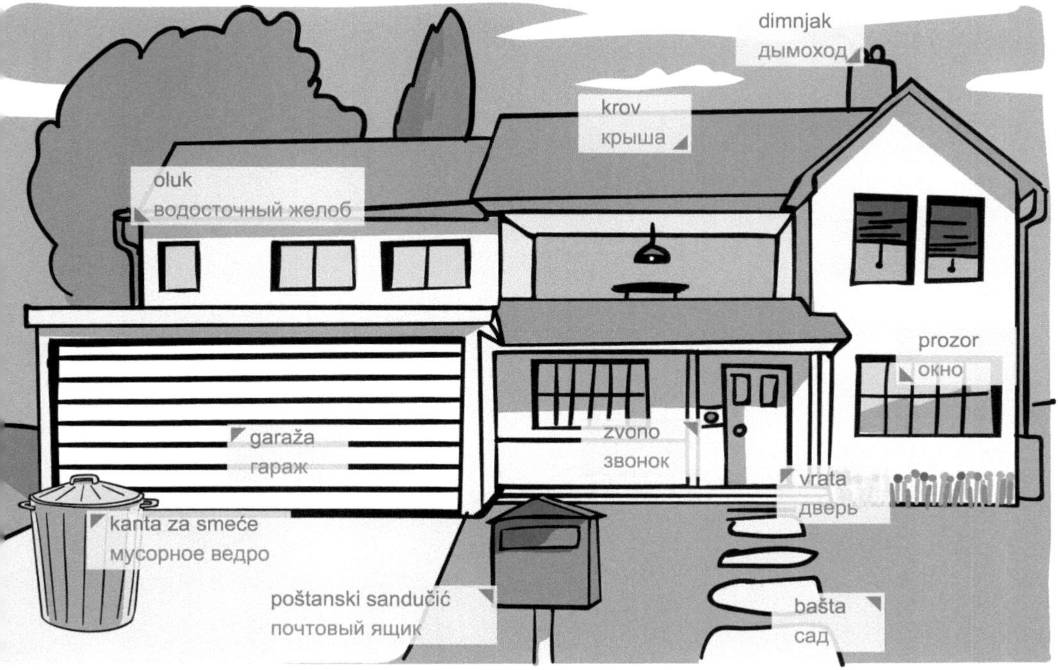

dimnjak
дымоход

krov
крыша

oluk
водосточный желоб

prozor
окно

garaža
гараж

zvono
звонок

vrata
дверь

kanta za smeće
мусорное ведро

poštanski sandučić
почтовый ящик

bašta
сад

dnevni boravak

гостиная

kupatilo

ванная комната

kuhinja

кухня

spavaća soba

спальня

dječija soba

детская комната

trpezarija

столовая

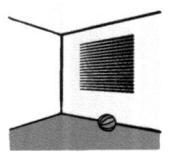

pod, tlo

пол

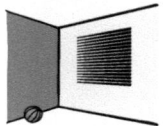

zid

стена

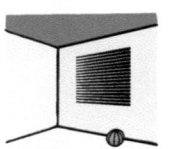

plafon

потолок

podrum

подвал

sauna

сауна

balkon

балкон

terasa

терраса

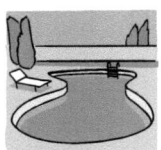

bazen

бассейн

kosilica

газонокосилка

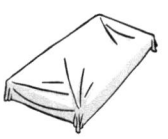

posteljina

пододеяльник

pokrivač

покрывало

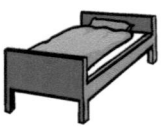

krevet

кровать

metla

метла

kanta

ведро

prekidač

выключатель

dnevni boravak

гостиная

tapeta
обои
fotografija
рисунок
lampa
лампа
polica
полка
ormar
шкаф
televizija
телевизор
dimnjak
камин
cvijet
цветок
jastuk
подушка
kauč
диван
vaza
ваза
daljinski upravljač
пульт дистанционного управления

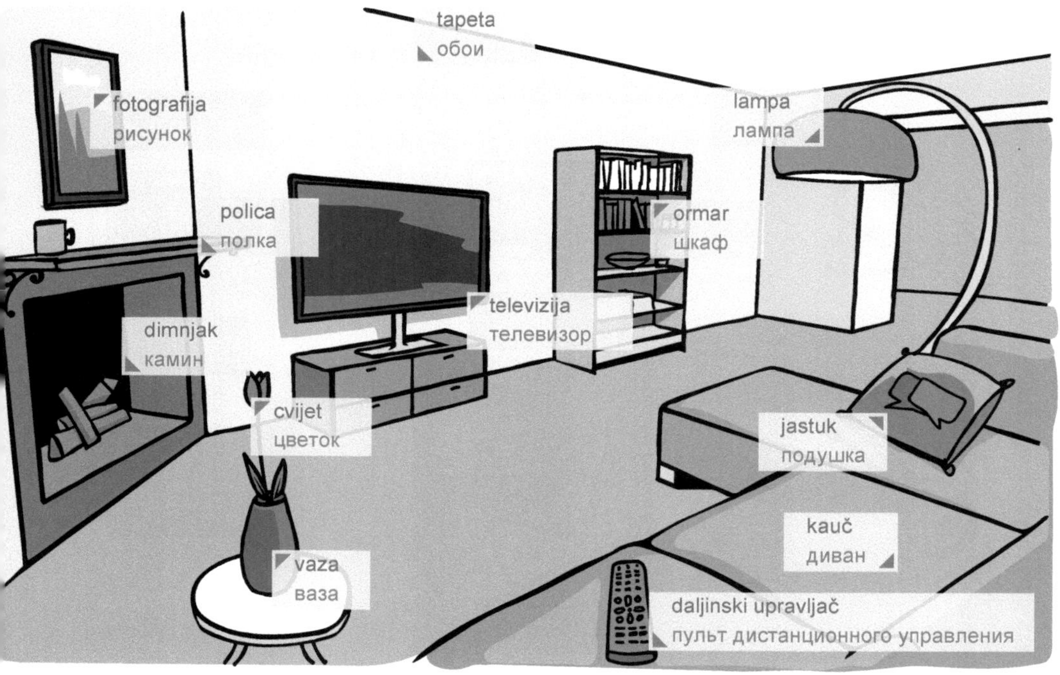

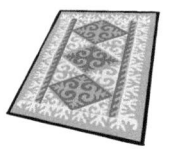

tepih

ковёр

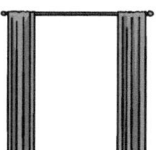

zavjesa

штора

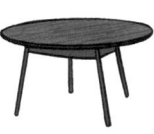

stol

стол

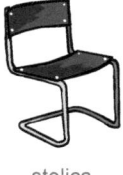

stolica

стул

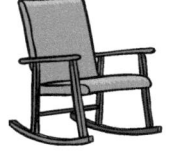

stolica za ljuljanje

кресло-качалка

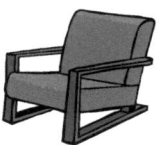

fotelja

кресло

knjiga

книга

deka

покрывало

dekoracija

украшение

ložno drvo

дрова

film

фильм

stereo uređaj

стереосистема

ključ

ключ

novine

газета

umjetnička slika

картина

poster

плакат

radio

радио

blok za bilješke

блокнот

usisavač

пылесос

kaktus

кактус

svijeća

свеча

kuhinja
кухня

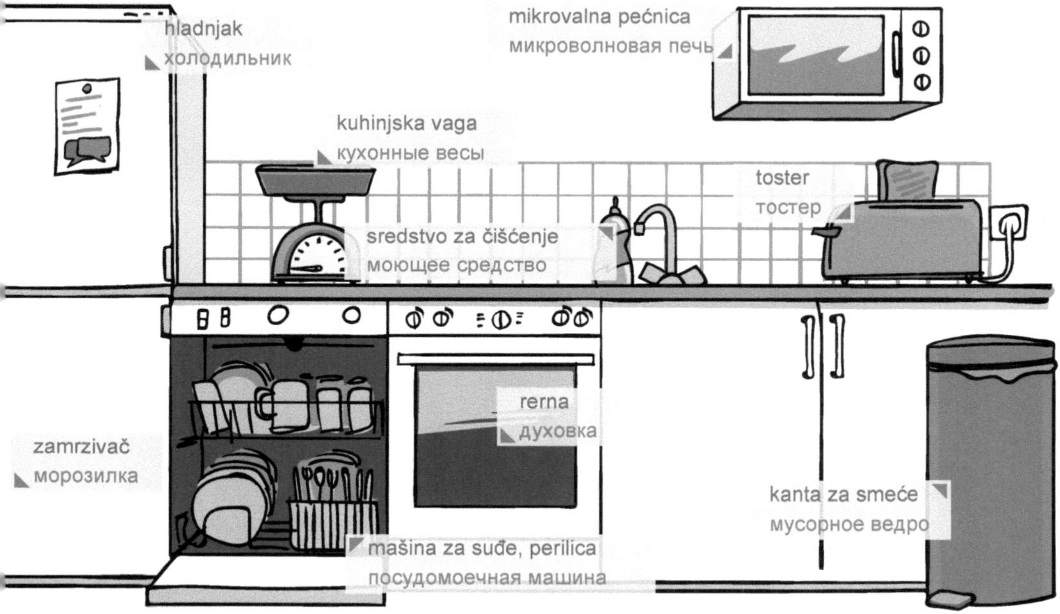
hladnjak
холодильник
mikrovalna pećnica
микроволновая печь
kuhinjska vaga
кухонные весы
toster
тостер
sredstvo za čišćenje
моющее средство
rerna
духовка
zamrzivač
морозилка
kanta za smeće
мусорное ведро
mašina za suđe, perilica
посудомоечная машина

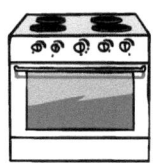

peć
....
плита

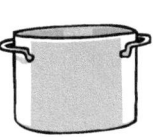

lonac
....
кастрюля

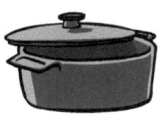

metalni lonac
....
чугунный котелок

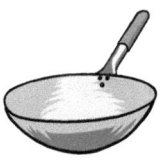

vok / kadai
....
вок / кадай

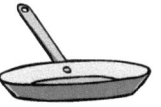

tava, tiganj
....
сковорода

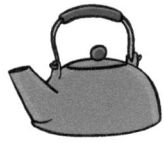

kuhalo
....
чайник

aparat za kuhanje na pari

пароварка

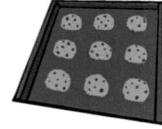

lim za pečenje

противень

posuđe

посуда

šalica

кружка

činija

миска

kineski štapići

палочки для еды

kutlača

половник

lopatica

лопатка

metlica za snijeg bjelanjca

сбивалка

sito za kuhanje

сито

sito

сито

ribež

тёрка

avan s tučkom

ступка

roštilj

гриль

ložište

костёр

daska

доска

oklagija

скалка

vadičep

штопор

konzerva

жестяная банка

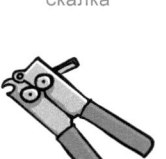

otvarač za konzerve

консервный нож

krpe za lonac

прихватка

sudoper

раковина

četka

щетка

spužva

губка

mikser

миксер

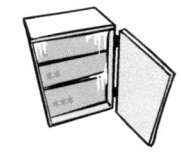

zamrzivač

морозильная камера

flašica za bebu

бутылочка для кормления

slavina

кран

kupatilo
ванная комната

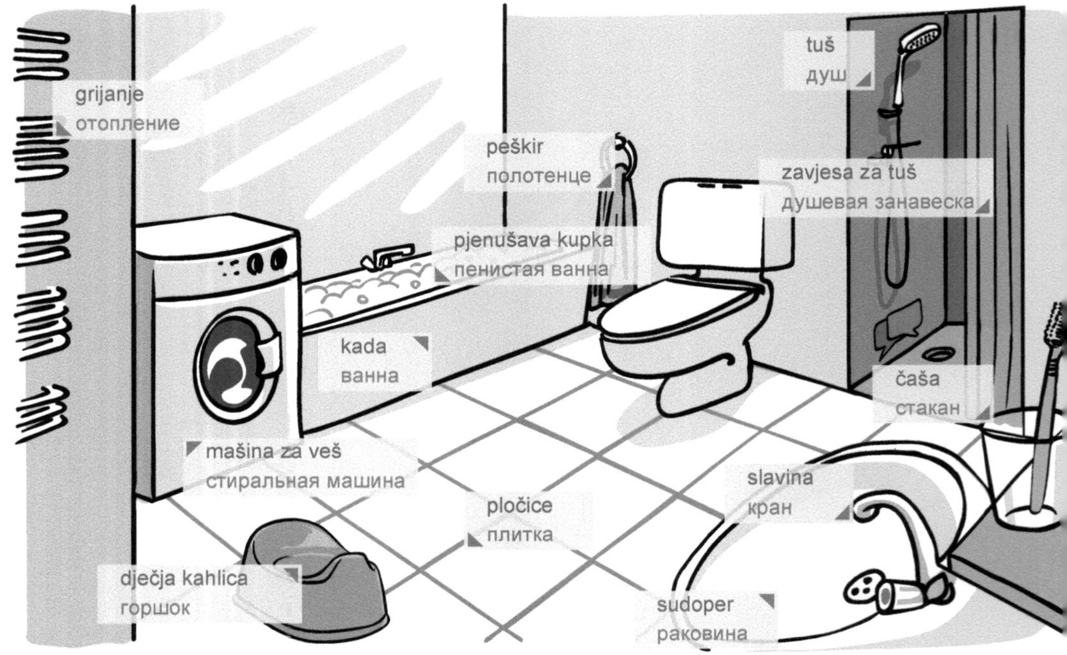

grijanje
отопление
peškir
полотенце
tuš
душ
zavjesa za tuš
душевая занавеска
pjenušava kupka
пенистая ванна
kada
ванна
čaša
стакан
mašina za veš
стиральная машина
slavina
кран
pločice
плитка
dječja kahlica
горшок
sudoper
раковина

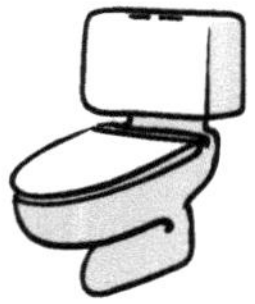

toalet

туалет

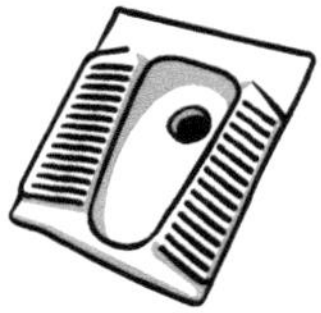

čučavac

напольный унитаз

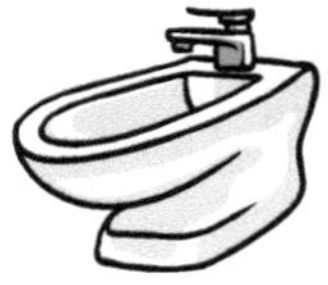

bide

биде

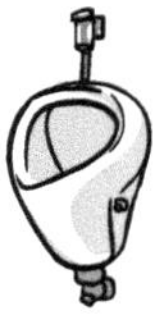

pisoar

писсуар

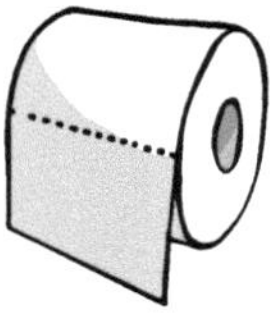

toalet papir

туалетная бумага

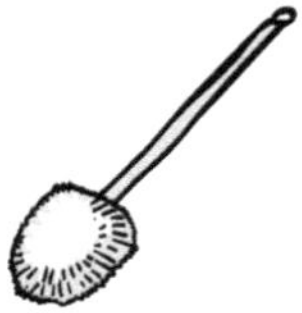

četka za wc

ершик

četkica za zube

зубная щётка

pasta za zube

зубная паста

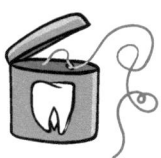

zubni konac

зубная нить

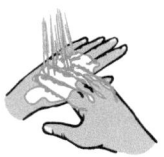

prati

мыть

tuš

ручной душ

intimni tuš

интимный душ

lavor

таз

četka za leđa

щётка для спины

sapun

мыло

gel za tuširanje

гель для душа

šampon

шампунь

krpe za pranje

мочалка

odvod

сток

krema

крем

dezodorans

дезодорант

ogledalo

зеркало

ogledalo **za šminkanje**

ручное зеркало

brijač

бритва

pjena za brijanje

пена для бритья

vodica poslije brijanja

лосьон после бритья

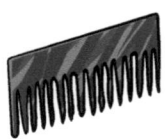

češalj

расческа

četka

щетка

fen

фен

sprej za kosu

лак для волос

puder

косметика

karmin

губная помада

lak za nokte

лак для ногтей

vata

вата

makazice za nokte

маникюрные ножницы

parfem

духи

kozmetička torbica

косметичка

hoklica

табуретка

vaga

весы

kupaći ogrtač

халат

rukavice za čišćenje

резиновые перчатки

tampon

тампон

uložak za dame

гигиеническая прокладка

hemijski toalet

биотуалет

dječija soba
детская комната

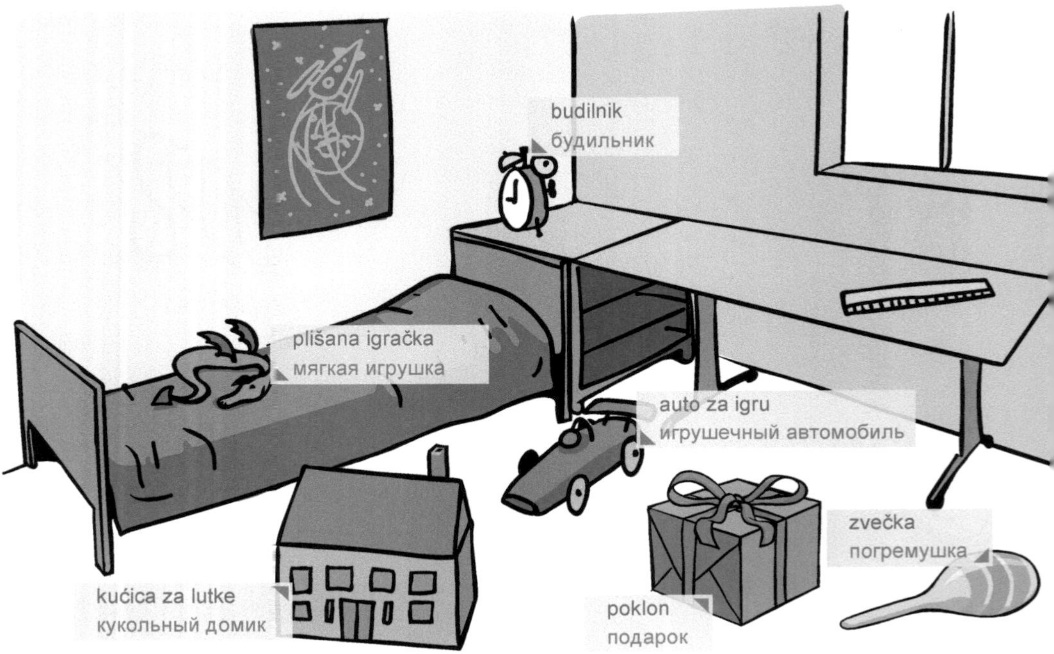

budilnik
будильник
plišana igračka
мягкая игрушка
auto za igru
игрушечный автомобиль
zvečka
погремушка
kućica za lutke
кукольный домик
poklon
подарок

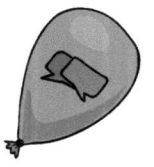

balon

воздушный шар

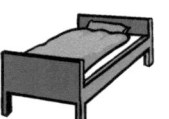

krevet

кровать

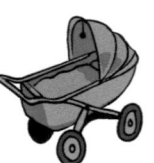

kolica za djecu

детская коляска

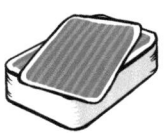

karte za igranje

карточная игра

puzle

пазл

SUPER
MEGA

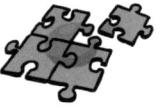

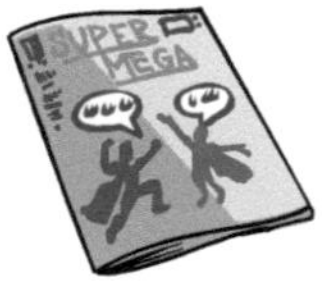

strip

комикс

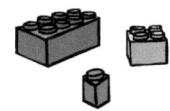

lego kockice

кирпичики Лего

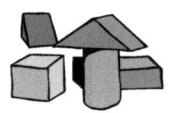

kockice za gradnju

кубики

akcione figure

игрушечная фигурка

benkica

ползунки

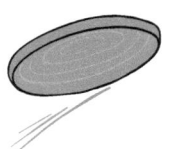

frizbi

фрисби

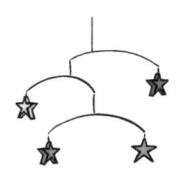

mobile

мобиле

igra na ploči

настольная игра

kocka

кубик

miniatura željeznice

модель железной дороги

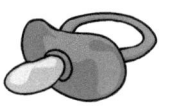

cucla

соска

zabava

вечеринка

slikovnica

книга с картинками

lopta

мяч

lutka

кукла

igrati

играть

pješćanik
....
песочница

ljuljačka
....
качели

igračke
....
игрушка

konzola za igru
....
игровая приставка

triciklo
....
трёхколесный велосипед

medvjedić
....
плюшевый медвежонок

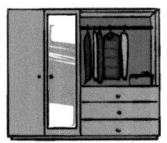

ormar
....
шкаф для одежды

odjeća

одежда

kratke čarape
....
носки

čarape
....
чулки

hulahopke
....
колготки

šal
шарф

kišobran
зонтик

kaiš
ремень

majica kratkih rukava
футболка

patike
кроссовки

čizme
сапоги

papuče
тапки

sandale
сандалии

cipele
ботинки

gumene čizme
резиновые сапоги

gaće
трусы

grudnjak
бюстгальтер

potkošulja
майка

odjeća - одежда

bodi

боди

hlače

брюки

farmerke

джинсы

suknja

юбка

bluza

блузка

košulja

рубашка

džemper

свитер

majica

свитер

sako

спортивная куртка

jakna

жакет

mantil

пальто

kišni mantil

плащ

kostim

костюм

haljina

платье

vjenčanica

свадебное платье

odijelo

мужской костюм

spavaćica

ночная сорочка

pidžama

пижама

sari

сари

marama

платок

turban

тюрбан

burka

паранджа

kaftan

кафтан

abaja

абайя

kupaći kostim

купальник

kupaće gaće

плавки

kratke hlače

шорты

trenerka

спортивный костюм

pregača

фартук

rukavice

перчатки

dugme

пуговица

naočare

очки

narukvica

браслет

ogrlica

цепочка

prsten

кольцо

naušnica

серьга

kapa

шапка

vješalica

вешалка

šešir

шляпа

kravata

галстук

patentni zatvarač

застежка молния

kaciga

шлем

tregeri za hlače

подтяжки

školska uniforma

школьная форма

uniforma

форма

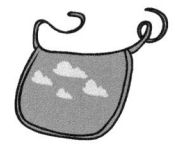

podbradak

детский нагрудник

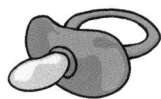

cucla

соска

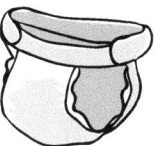

pelene

подгузник

ured

офис

server
сервер
ormar za kartoteku
канцелярский шкаф
štampač
принтер
papir
бумага
monitor
монитор
pisaći sto
письменный стол
miš
мышь
registrator
папка
tastatura
клавиатура
korpa za papir
корзина для бумаг
kompjuter
компьютер
stolica
стул

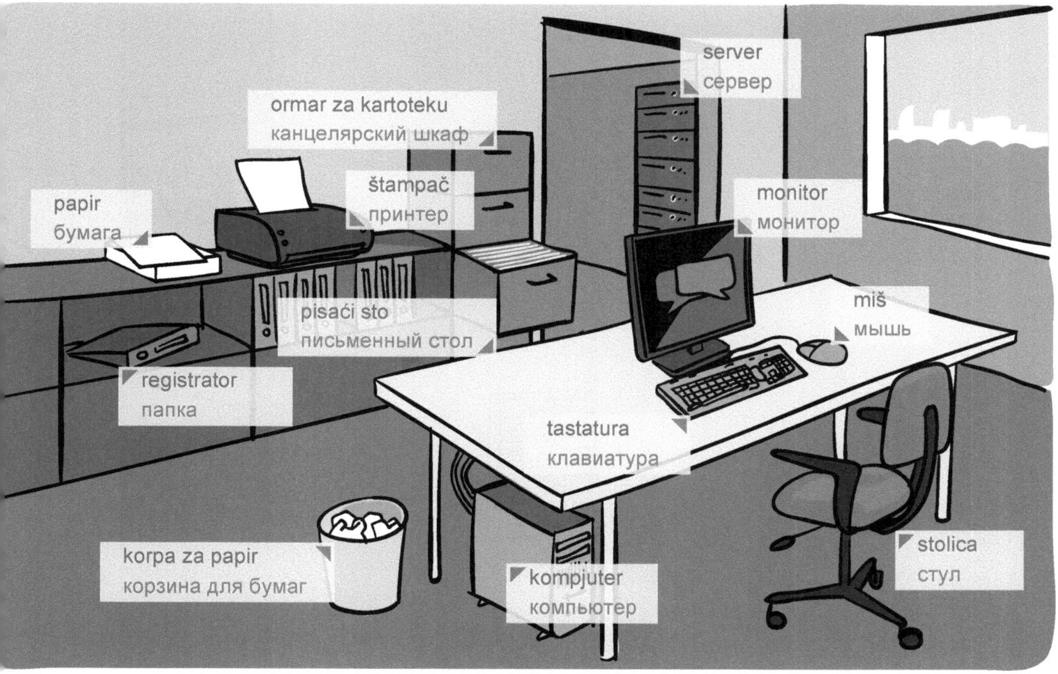

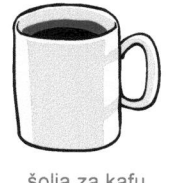

šolja za kafu

кофейная кружка

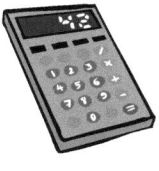

kalkulator

калькулятор

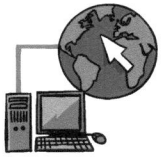

internet

интернет

laptop

ноутбук

pismo

письмо

poruka

сообщение

mobilni telefon

мобильный телефон

mreža

сеть

aparat za kopiranje

ксерокс

softver

программа

telefon

телефон

utičnica

розетка

faks

факс

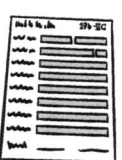

formular

формуляр

dokument

документ

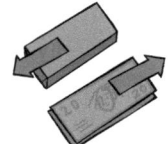

kupovati

покупать

platiti

платить

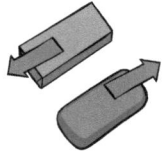

trgovati

торговать

novac

деньги

 **USD**

dolar

доллар

 **EUR**

euro

евро

 **JPY**

jen

иена

 **RUB**
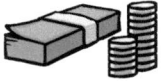

rublja

рубль

 **CHF**

franak

франк

 **CNY**

renminbi jen

жэньминьби юань

 **INR**

rupi

рупия

bankomat

банкомат

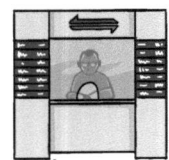

mjenjačnica

пункт обмена валюты

zlato

золото

srebro

серебро

nafta

нефть

energija

энергия

cijena

цена

ugovor

договор

porez

налог

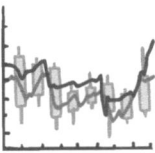

akcija

акция

raditi

работать

službenik

служащий

poslodavac

работодатель

fabrika

фабрика

radnja

магазин

policajac
милиционер

vatrogasac
пожарный

kuhar
повар

ljekar
врач

pilot
пилот

baštovan

садовник

stolar

столяр

krojačica

швея

sudija

судья

hemičar

химик

glumac

актёр

vozač autobusa

водитель автобуса

vozač taksija

таксист

ribar

рыбак

čistačica

уборщица

krovopokrivač

кровельщик

konobar

официант

lovac

охотник

moler

художник

pekar

пекарь

električar

электрик

građevinski radnik

строитель

inženjer

инженер

koljač

мясник

limar, vodoinstalater

сантехник

poštar

почтальон

vojnik

солдат

arhitekta

архитектор

blagajnik

кассир

cvjećar

флорист

frizer

парикмахер

kontrolor

кондуктор

mehaničar

механик

kapiten

капитан

zubar

зубной врач

naučnik

ученый

rabin

раввин

imam

имам

monah

монах

sveštenik

священник

alat

инструменты

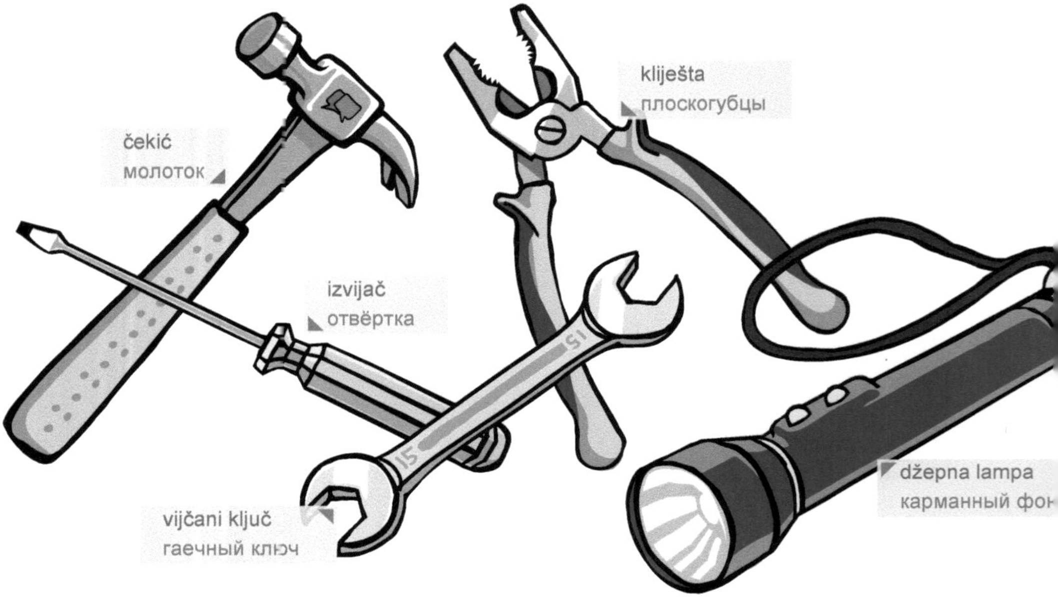

čekić
молоток
kliješta
плоскогубцы
izvijač
отвёртка
vijčani ključ
гаечный ключ
džepna lampa
карманный фо

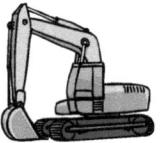

bager

экскаватор

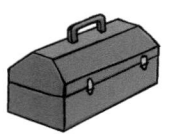

kutija sa alatom

ящик для инструментов

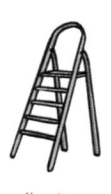

ljestve

стремянка

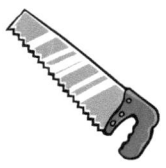

testera, pila

пила

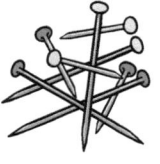

ekser

гвозди

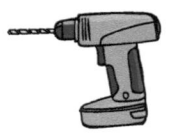

bušilica

дрель

popraviti
ремонтировать

lopata
лопата

sranje!
Блин!

lopatica
совок

kanta boje
ведро с краской

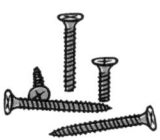

vijak
винты

muzički instrumenti
музыкальные инструменты

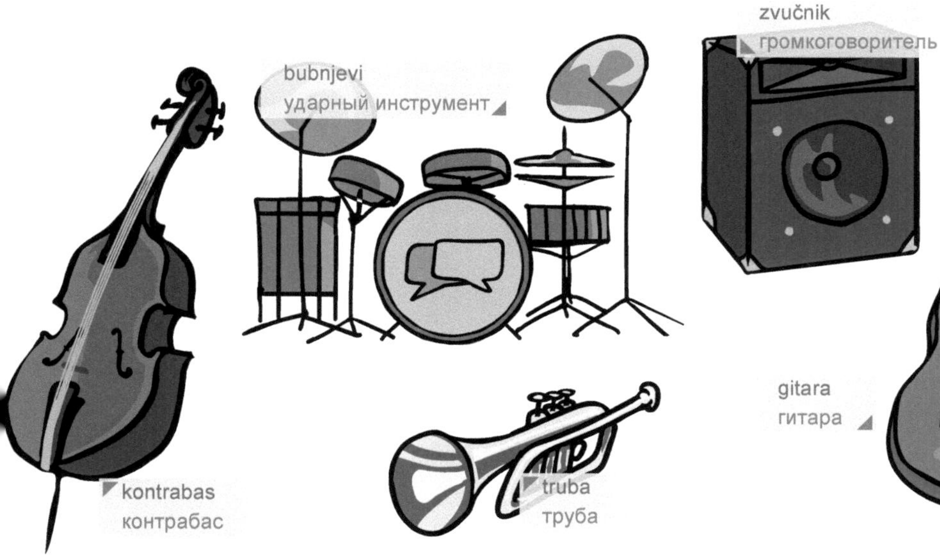

bubnjevi
ударный инструмент

zvučnik
громкоговоритель

gitara
гитара

kontrabas
контрабас

truba
труба

klavir

пианино

violina

скрипка

bas

бас-гитара

bubanj timpani

литавры

bubanj

барабан

sintisajzer

синтезатор

saksofon

саксофон

flauta

флейта

mikrofon

микрофон

zološki vrt
зоопарк

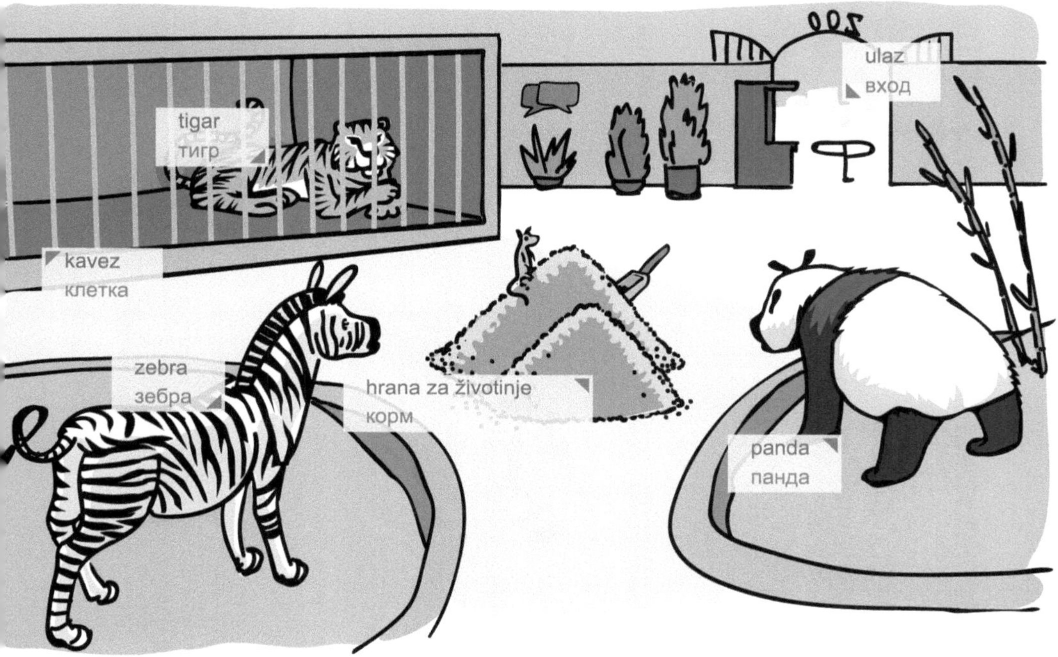
ulaz
вход
tigar
тигр
kavez
клетка
zebra
зебра
hrana za životinje
корм
panda
панда

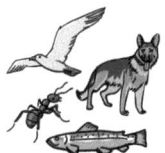

životinje

животные

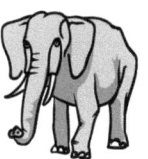

slon

слон

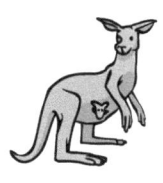

kengur

кенгуру

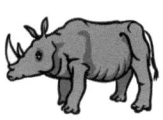

nosorog

носорог

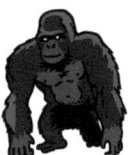

gorila

горилла

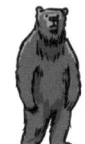

medvjed

медведь

kamila

верблюд

noj

страус

lav

лев

majmun

обезьяна

flamingo

фламинго

papagaj

попугай

polarni medvjed

белый медведь

pingvin

пингвин

morski pas

акула

paun

павлин

zmija

змея

krokodil

крокодил

čuvar u zološkom vrtu

служитель зоопарка

tuljan

тюлень

jaguar

ягуар

poni

пони

leopard

леопард

nilski konj

бегемот

žirafa

жираф

orao

орёл

divlja svinja

кабан

riba

рыба

kornjača

черепаха

morž

морж

lisica

лиса

gazela

газель

američki fudbal
американский футбол

vožnja bicikla
езда на велосипеде

tenis
теннис

košarka
баскетбол

plivanje
плавание

boks
бокс

hokej na ledu
хоккей

fudbal
футбол

bedminton
бадминтон

laka atletika
лёгкая атлетика

rukomet
гандбол

skijanje
лыжный спорт

polo
поло

smijati se
смеяться

skakati
прыгать

zagrliti
обнимать

ići
идти

pjevati
петь

sanjati
мечтать

moliti
молиться

ljubiti
целовать

pisati
писать

crtati
рисовать

pokazati
показывать

gurati
нажимать

dati
давать

uzeti
брать

imati
иметь

raditi
делать

biti
быть

stajati
стоять

trčati
бежать

vući
тянуть

baciti
бросать

pasti
падать

ležati
лежать

čekati
ждать

nositi
носить

sjediti
сидеть

obući
надевать

spavati
спать

probuditi
просыпаться

aktivnosti - действия

pogledati

рассматривать

plakati

плакать

milovati

гладить

češljati

причесывать

govoriti

говорить

razumjeti

понимать

pitati

спрашивать

slušati

слушать

piti

пить

jesti

кушать

pospremiti

наводить порядок

voljeti

любить

kuhati

готовить

voziti

ехать

letjeti

летать

jedriti

ходить под парусом

računati

считать

čitati

читать

učiti

учиться

raditi

работать

vjenčavti

вступать в брак

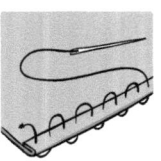

šiti

шить

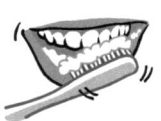

prati zube

чистить зубы

ubiti

убивать

pušiti

курить

slati

отправлять

porodica

семья

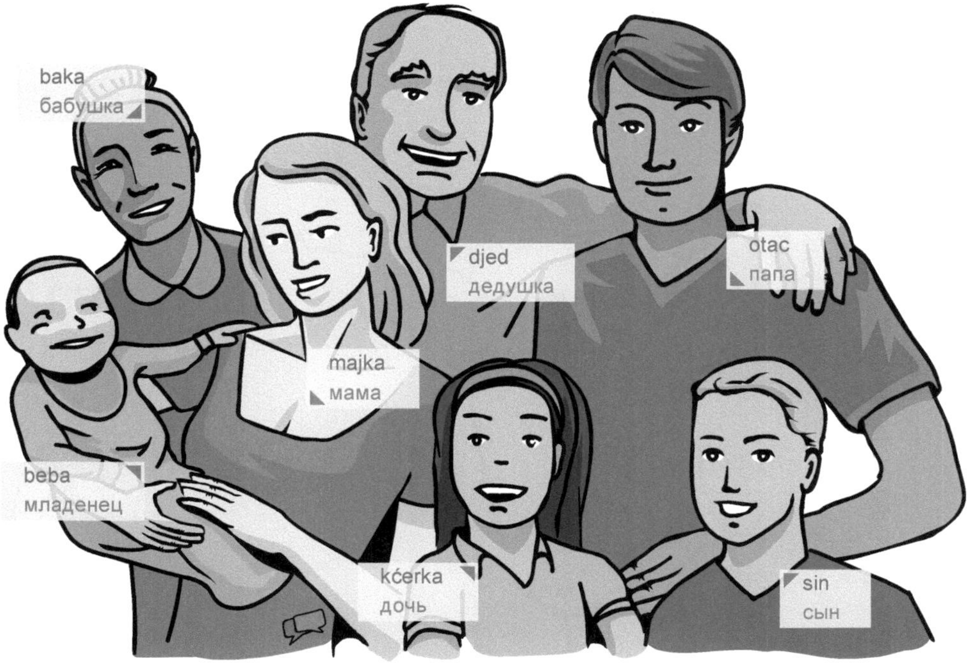
baka
бабушка
djed
дедушка
otac
папа
majka
мама
beba
младенец
kćerka
дочь
sin
сын

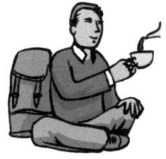

gost

гость

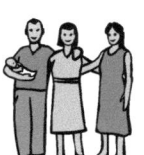

ujna, tetka, strina

тетя

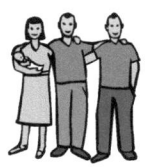

ujak, tetak, stric

дядя

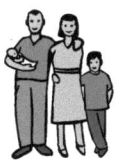

brat

брат

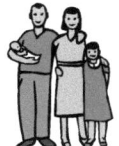

sestra

сестра

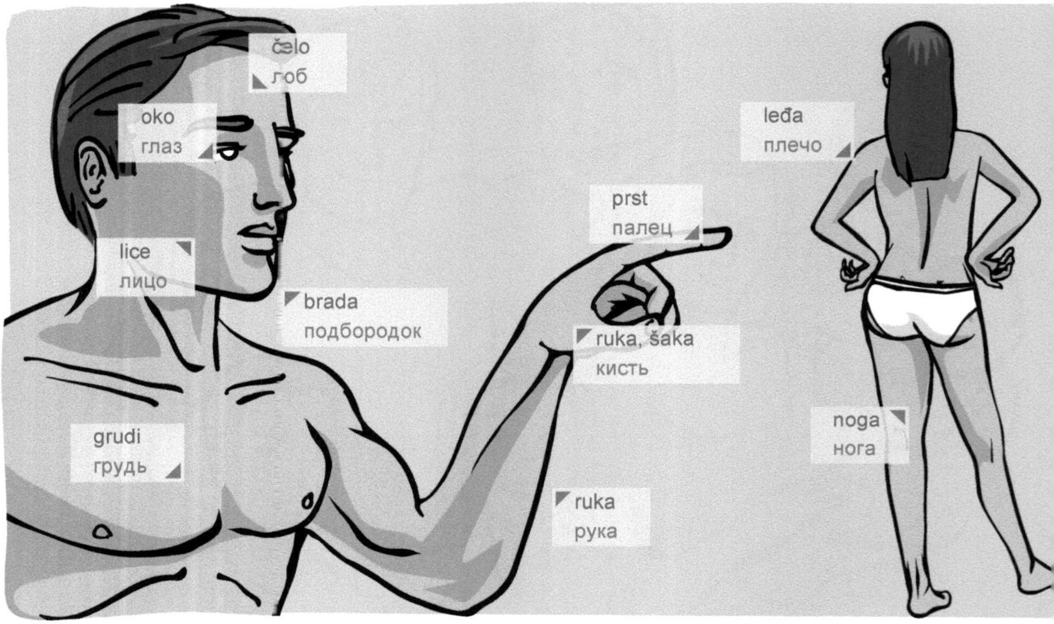

čelo
лоб

oko
глаз

leđa
плечо

prst
палец

lice
лицо

brada
подбородок

ruka, šaka
кисть

grudi
грудь

noga
нога

ruka
рука

beba

младенец

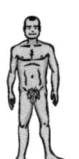

muškarac

мужчина

žena

женщина

djevojčica

девочка

dječak

мальчик

glava

голова

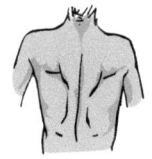

leđa

спина

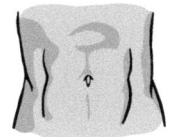

stomak

живот

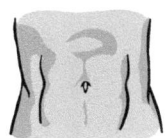

pupak

пупок

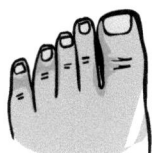

nožni prst

палец ноги

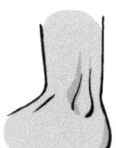

peta

пятка

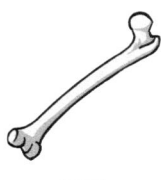

kosti

кость

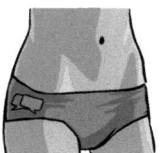

kuk

бедро

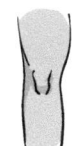

koljeno

колено

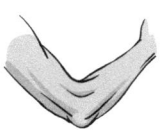

lakat

локоть

nos

нос

stražnjica

ягодицы

koža

кожа

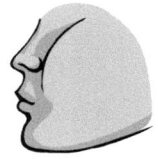

obraz

щека

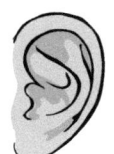

uho

ухо

usna

губа

usta

рот

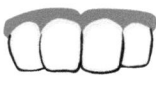

zub

зуб

jezik

язык

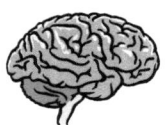

mozak

мозг

srce

сердце

mišić

мышца

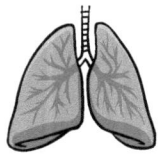

pluća

лёгкое

jetra

печень

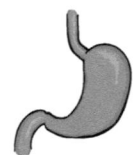

želudac

желудок

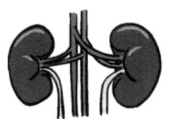

bubreg

почки

spolni odnos

половой акт

kondom

презерватив

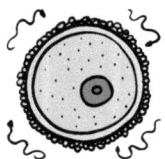

jajna ćelija

яйцеклетка

sperma

сперма

trudnoća

беременность

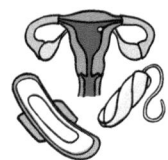

menstruacija

менструация

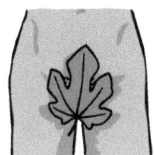

vagina

вагина

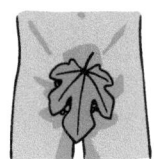

penis

пенис

obrva

бровь

kosa

волосы

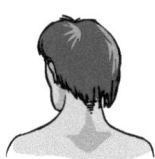

vrat

шея

bolnica
больница

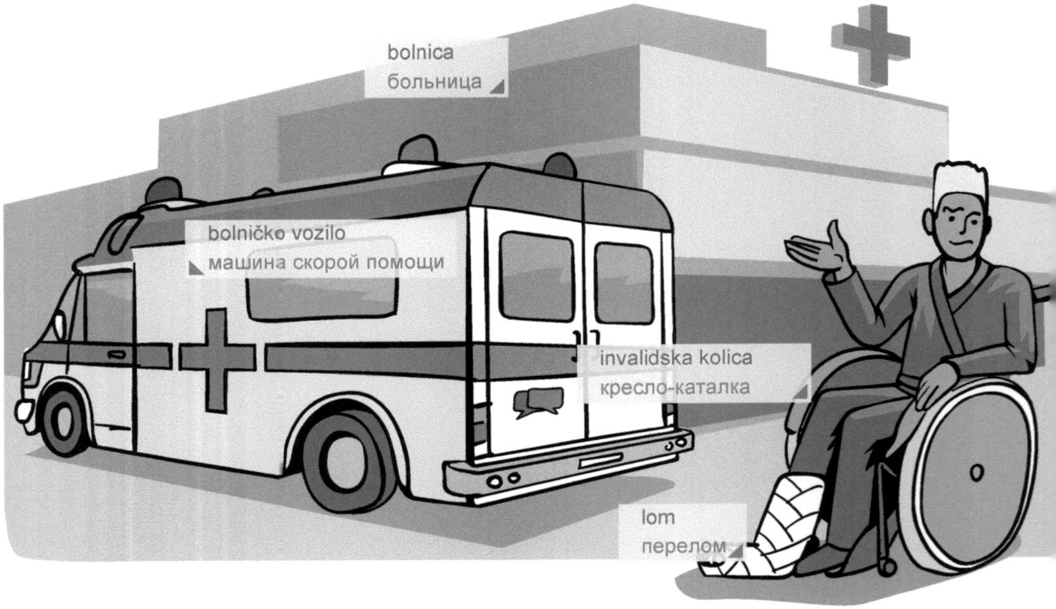

bolnica
больница
bolničko vozilo
машина скорой помощи
invalidska kolica
кресло-каталка
lom
перелом

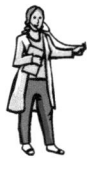

ljekar

врач

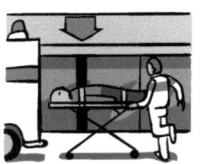

hitna služba

пункт первой помощи

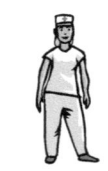

medicinska sestra

медсестра

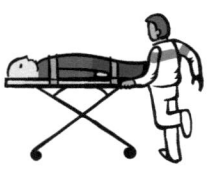

hitna pomoć

неотложный случай

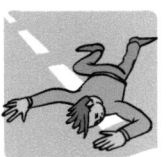

nesvjest

без сознания

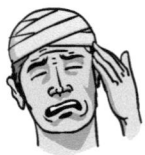

bol

боль

povreda
повреждение

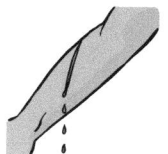

krvarenje
кровотечение

srčani udar, infarkt
инфаркт

moždani udar
инсульт

alergija
аллергия

kašalj
кашель

groznica
повышенная температура

gripa
грипп

proljev
понос

glavobolja
головная боль

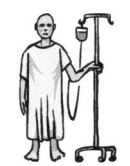

rak
рак

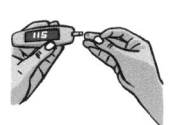

dijabetes
диабет

hirurg
хирург

skalpel
скальпель

operacija
операция

bolnica - больница

73

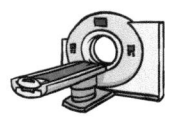

CT

КТ

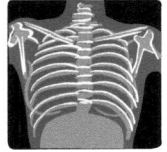

rendgen

рентген

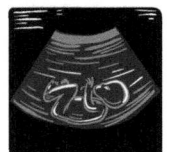

ultrazvuk

ультразвук

maska

маска

bolest

болезнь

čekaonica

приёмная

štake

костыль

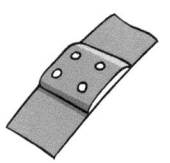

flaster

пластырь

zavoj

бинт

injekcija

укол

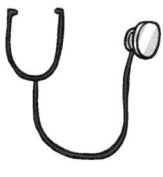

stetoskop

стетоскоп

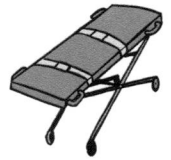

nosilo

носилки

termometar

термометр

porod

рождение

prekomjerna težina, debljina

избыточный вес

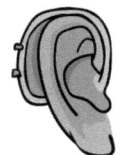

slušni aparat

слуховой аппарат

sredstvo za dezinfekciju

дезинфекционное средство

infekcija

инфекция

virus

вирус

HIV/ AIDS

ВИЧ / СПИД

medicina

лекарство

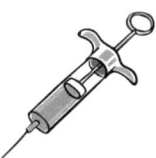

vakcinacija

прививка

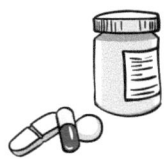

tablete

таблетки

pilula

противозачаточная таблетка

hitni poziv

экстренный вызов

aparat za mjerenje pritiska

прибор для измерения кровяного давления

bolestan / zdrav

больной / здоровый

Upomoć!

Помогите!

alarm

сигнал тревоги

napad, prepad

нападение

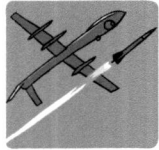

napad

атака

opasnost

опасность

izlaz u slučaju opasnosti

запасной выход

Požar!

Пожар!

vatrogasni aparat

огнетушитель

nezgoda

несчастный случай

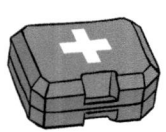

torba prve pomoći

аптечка

SOS

SOS

policija

милиция

Europa

Европа

Sjeverna Amerika

Северная Америка

Južna Amerika

Южная Америка

Afrika

Африка

Azija

Азия

Australija

Австралия

Atlantik

Атлантический океан

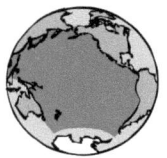

Pacifik

Тихий океан

Indijski okean

Индийский океан

Antarktički okean

Антарктический океан

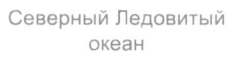

Arktički okean

Северный Ледовитый
океан

Sjeverni pol

Северный полюс

Južni pol
Южный полюс

Antarktik
Антарктика

Zemlja
земля

zemlja
суша

more
море

ostrvo
остров

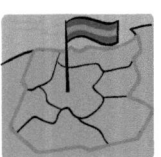

nacija
нация

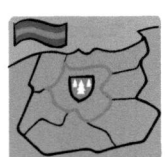

država
государство

brojčanik sata

циферблат

kazaljka sata

часовая стрелка

kazaljka minute

минутная стрелка

kazaljka sekunde

секундная стрелка

Koliko je sati?

Который час?

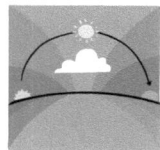

dan

день

vrijeme

время

sada

сейчас

digitalni sat

электронные часы

minuta

минута

sat

час

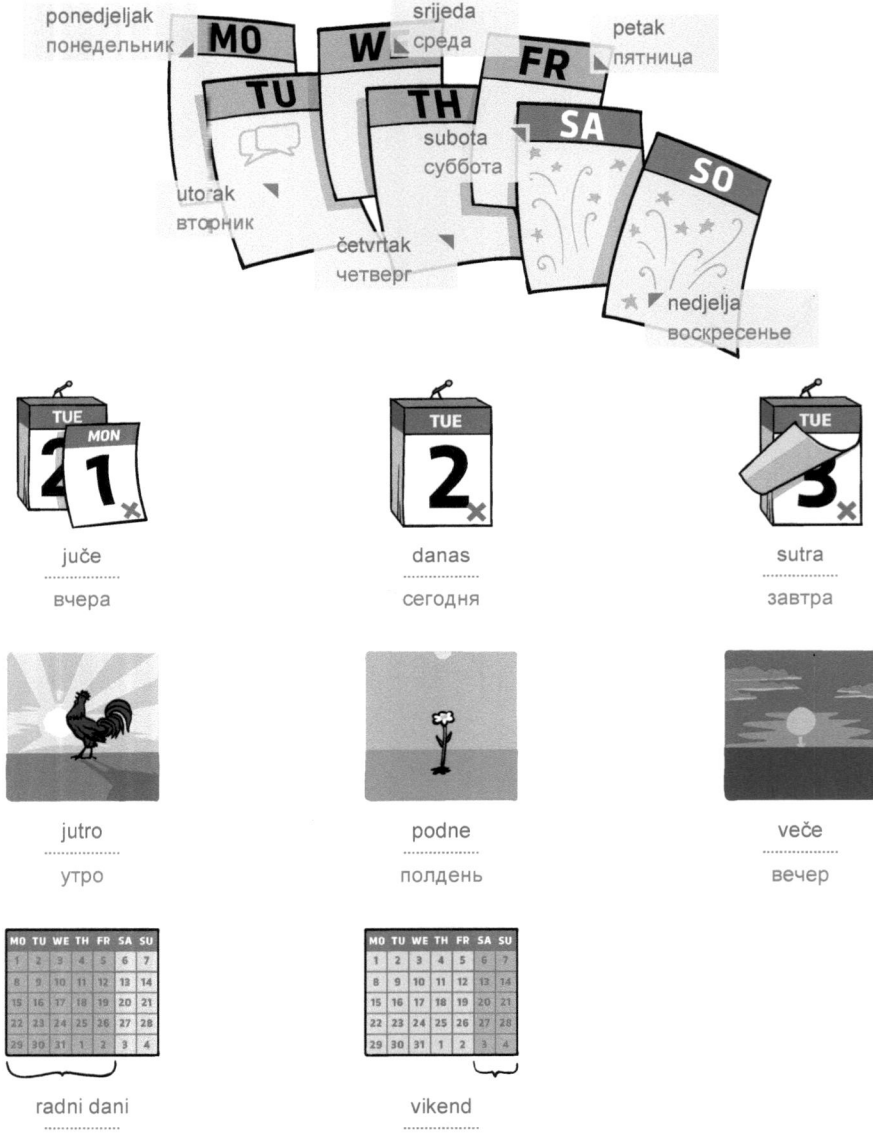

ponedjeljak
понедельник

MO

srijeda
среда

W

petak
пятница

FR

TU

TH

SA

subota
суббота

SO

utorak
вторник

četvrtak
четверг

nedjelja
воскресенье

juče
вчера

danas
сегодня

sutra
завтра

jutro
утро

podne
полдень

veče
вечер

radni dani
рабочие дни

vikend
выходные

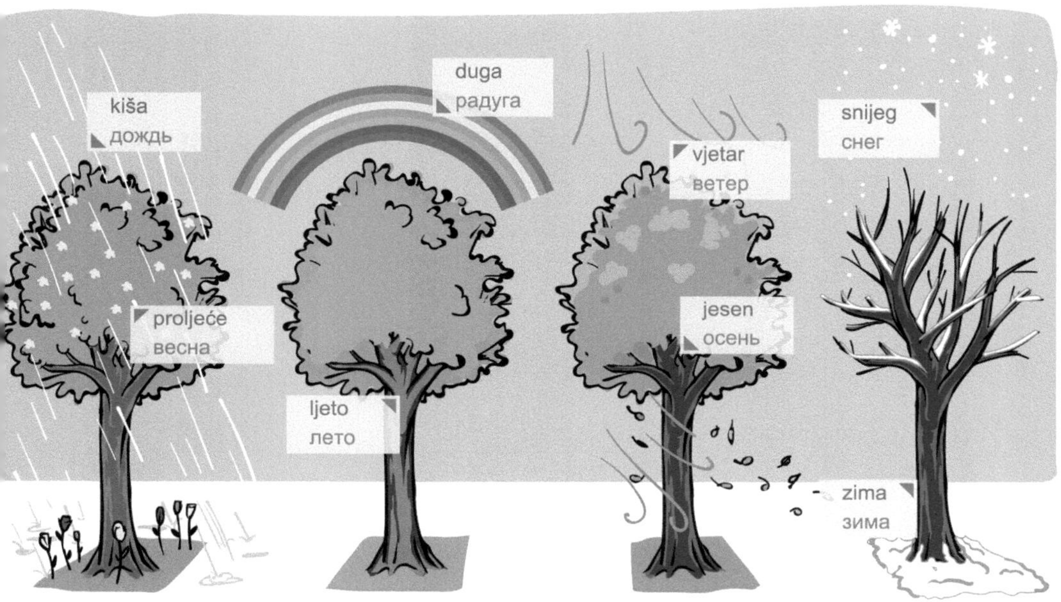

kiša
дождь

duga
радуга

vjetar
ветер

snijeg
снег

proljeće
весна

ljeto
лето

jesen
осень

zima
зима

prognoza vremena

прогноз погоды

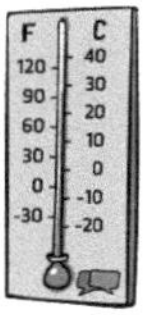

termometar

термометр

sunčev sjaj

солнечный свет

oblak

туча

magla

туман

vlažnost vazduha

влажность воздуха

munja

молния

grom

гром

oluja

буря

tuča, led

град

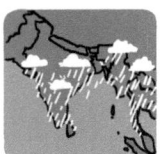

monsun

муссон

poplava

наводнение

led

лёд

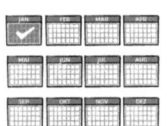

januar

январь

februar

февраль

mart

март

april

апрель

maj

май

juni

июнь

juli

июль

avgust

август

septembar
....
сентябрь

oktobar
....
октябрь

novembar
....
ноябрь

decembar
....
декабрь

krug
....
круг

kvadrat
....
квадрат

pravougao
....
прямоугольник

trougao
....
треугольник

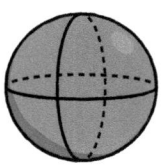

kugla
....
шар

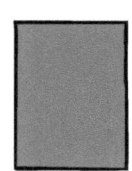

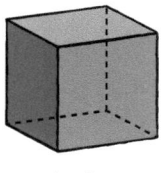

kocka
....
куб

boje

bjel

белый

žut

желтый

narandžast

оранжевый

pink

розовый

crven

красный

ljubičast

лиловый

plav

синий

zelen

зелёный

smeđ

коричневый

siv

серый

crn

черный

84	boje - цвета

malo / mnogo

много / мало

ljutit / miran

яростный / мирный

lijep / ružan

красивый / уродливый

početak / kraj

начало / конец

veliki / mali

большой / маленький

svijetlo / tamno

светлый / темный

brat / sestra

брат / сестра

čist / prljav

чистый / грязный

potpun / nepotpun

полный / неполный

dan / noć

день / ночь

mrtav / živ

мёртвый / живой

široko / usko

широкий / узкий

ukusno / neukusno

съедобный / несъедобный

zao / prijatan

злой / дружелюбный

uzbuđen / dosadan

взволнованный /
скучающий

debeo / mršav

толстый / худой

najprije / najkasnije

сначала / в конце

prijatelj / neprijatelj

друг / враг

pun / prazan

полный / пустой

trvd / mekan

твёрдый / мягкий

težak / lagan

тяжёлый / легкий

glad / žeđ

голод / жажда

bolestan / zdrav

больной / здоровый

ilegalan / legalan

незаконный / законный

inteligentan / glup

умный / глупый

lijevo / desno

слева / справа

blizu / daleko

близко / далеко

nov / polovan
....
новый / подержанный

ništa / nešto
....
ничто / нечто

star / mlad
....
старый / молодой

uključeno / isključeno
....
включено / выключено

otvoreno / zatvoreno
....
открыто / закрыто

tiho / glasno
....
тихо / громко

bogat / siromašan
....
богатый / бедный

tačno / pogrešno
....
правильный /
неправильный

hrapav / glatak
....
шероховатый / гладкий

tužan / srećan
....
печальный / счастливый

kratak / dug
....
короткий / длинный

spor / brz
....
медленный / быстрый

mokro / suho
....
мокрый / сухой

toplo / hladno
....
тёплый / прохладный

rat / mir
....
война / мир

suprotnosti - противоположности

0

nula
ноль

1

jedan
один

2

dva
два

3

tri
три

4

četiri
четыре

5

pet
пять

6

šest
шесть

7

sedam
семь

8

osam
восемь

9

devet
девять

10

deset
десять

11

jedanaest
одиннадцать

12

dvanaest

двенадцать

13

trinaest

тринадцать

14

četrnaest

четырнадцать

15

petnaest

пятнадцать

16

šesnaest

шестнадцать

17

sedamnaest

семнадцать

18

osamnaest

восемнадцать

19

devetnaest

девятнадцать

20

dvadeset

двадцать

100

sto

сто

1.000

hiljada

тысяча

1.000.000

milion

миллион

engleski

английский

amerčki engleski

американский английский

kinesko mandarinski

мандаринский китайский

hindi

хинди

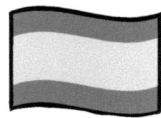

španski

испанский

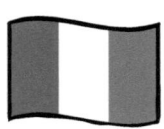

francuski

французский

arapski

арабский

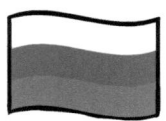

ruski

русский

portugalski

португальский

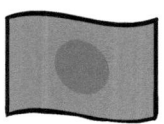

bengalski

бенгальский

njemački

немецкий

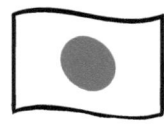

japanski

японский

ja

я

ti

ты

on / ona / ono

он / она / оно

mi

мы

vi

вы

oni

они

ko?

кто?

šta?

что?

kako?

как?

gdje?

где?

kada?

когда?

ime

имя

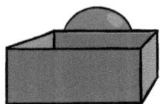

iza

за

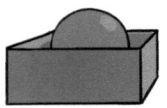

u

в

pred

перед

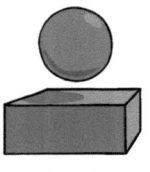

iznad

над

na

на

ispod

под

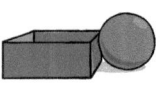

pored

рядом

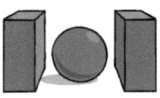

između

между

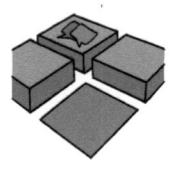

mjesto

место